DIE REIHE
Archivbilder

WALSRODE

1945 BIS 2000

Die Löns-Stadt Walsrode ist laut dem Titelblatt dieses Werbeprospekts von 1954 „der ideale Ort" für vielerlei Ausflüge. Das vom Verkehrsverein Walsrode e. V. herausgegebene Prospekt enthielt auch Hotelempfehlungen.

DIE REIHE

Archivbilder

WALSRODE

1945 BIS 2000

Gunther Gerhardt

SUTTON VERLAG

Zahlreiche Besucher strömten im Juli 1999 zum „Großen Backtag“ im Heidemuseum.

Titelbild: „Die siegreichen Vorwalsroder Schützen kehren heim nach hartem Kampf“. 1970 gewannen Alfred Gehrkens, Gerald Bergmann und Reinhard Hoffmann die Deutsche Meisterschaft der Junioren. Mit Jugendleiter Werner Funke verteidigten sie den Titel 1971 erfolgreich.

Sutton Verlag GmbH
Hochheimer Straße 59
99094 Erfurt
www.suttonverlag.de

ISBN: 978-3-86680-662-7
Druck: CEWE Color, Germering

Inhaltsverzeichnis

Bildnachweis

Dow Wolff Cellulosics: S. 91; Galerie Hohmann: S. 102; Albert Grassmann: S. 107u; Frauke Hinze: S. 68u; Hadubrand Hoefert: S. 65u; Karl-Heinz Hoeft: S. 37o, 45, 46, 76o, 83o, 86u, 87, 88, 90, 93o, 103u; Archiv des Klosters Walsrode: S. 83u, 112u, 113; Familie Koch: S. 79o; Elisabeth Lange: S. 21o; Nissan Autohaus Wenzel, Herr Bartels: S. 49u; Wilma Röber: S. 69o; Ingeborg Schwarz: S. 33; Stadt Walsrode: S. 76u; Stadt Walsrode, Bauamt: S. 22u, 25, 28, 34o, 35, 36u, 40u, 47, 48u, 51o, 52o, 56, 57, 63o, 64u, 70, 73u, 74, 84u, 97, 99o, 100, 106o; Hanna Tanke: S. 61, 79u; Britta Tolle: S. 22o, 85u; „Walsroder Zeitung": S. 12o, 13o, 66u, 92u, 98o; Weltvogelpark Walsrode: S. 53u, 96u; Ernst Winkler: S. 117o.

Alle übrigen Aufnahmen stammen aus dem Stadtarchiv Walsrode.

Danksagung

Danke sagen möchte ich für das Fotomaterial, aber auch für die Hinweise und Informationen, die mir Zeitzeugen zur Verfügung stellten. Beides hat entscheidend zum Gelingen dieses Buches beigetragen.

Stellvertretend für alle, die mir bei der Arbeit an diesem Bildband geholfen haben, möchte ich einige Personen namentlich erwähnen. Dank geht an Karl-Heinz Hoeft, von dem eine große Anzahl aussagekräftiger Fotos aus der Zeit von 1955 bis 1968 stammt, die hier veröffentlicht sind.

Besonders danken möchte ich auch Frau Hanna Tanke, die mir wichtige Informationen und auch Bilder zur Verfügung stellte.

Außerdem bedanke ich mich herzlich bei Wilma Röber, Frauke Hinze, bei Familie Hohmann (Galerie Hohmann), Nicole Oswald (Dow Wolff Cellulosics), Ingeborg Schwarz, Dr. Sigrid Vierck und Henrike Anders (Kloster Walsrode), Elisabeth Lange, Hadubrand Hoefert, Ernst Winkler, Andrea Müller, Britta Tolle, Sonja Behr (Weltvogelpark Walsrode), Albert Grassmann, Henning Wolff (†), bei Herrn Bartels vom Autohaus Wenzel sowie bei der „Walsroder Zeitung". Dem Sutton Verlag danke ich insbesondere für die vorbildliche Lektoratsarbeit.

Einleitung

Das 1998 im Sutton Verlag in der Reihe Archivbilder erschienene Buch „Walsrode. Stadt und Land“ ist erfreulicherweise bei den Lesern auf sehr viel Interesse gestoßen, und ich wurde in zahlreichen Gesprächen gefragt, ob nicht ein weiterer Band herausgegeben werden könnte.

Es hat sich gezeigt, dass im ersten Band über die Zeit vor dem Zweiten Weltkrieg ein breites zeitliches und thematisches Spektrum abgedeckt wurde, die Nachkriegszeit aber kaum Berücksichtigung fand. Es war mir ein Bedürfnis, diese Lücke zu schließen, und der Verlag war mit der Herausgabe eines weiteren Buches einverstanden. Ich habe daraufhin zunächst die Fotosammlungen in Archiv und Bauamt der Stadt Walsrode auf interessantes, verwertbares Bildmaterial aus der Zeit von 1945 bis 2000 geprüft. Dabei hat sich gezeigt, dass es sehr viel Material aus der Zeit seit etwa 1955, vor allem aus den 1960er- und 1970er-Jahren gibt, doch so gut wie nichts aus der unmittelbaren Nachkriegszeit.

Daher musste einerseits sehr strikt aus dem „Großbestand“ ausgewählt werden, andererseits musste ich versuchen, aussagekräftige Bilder aus den ersten zehn Jahren nach dem Zweiten Weltkrieg zu finden. Hierzu habe ich zahlreiche Institutionen, Geschäftsleute und Privatpersonen angesprochen und mehrere Aufrufe in der örtlichen Presse gestartet. Daraufhin wurden mir wiederum zahlreiche Fotos und andere Dokumente zur Verfügung gestellt, insbesondere aus der Zeit von etwa 1960 bis 1975. Doch auch hier fanden sich kaum Bilder aus der „Problemzeit“ von 1945 bis 1955. Der Grund für dieses Defizit dürfte darin liegen, dass zum einen das Fotografieren in den ersten Nachkriegsjahren allgemein verboten war und man bei den existentiellen Problemen dieser Zeit wirklich Wichtigeres zu tun hatte, wie mir mehrere Zeitzeugen bestätigten.

Um diesen historisch sehr wichtigen Zeitraum doch noch berücksichtigen zu können, habe ich auf die recht umfangreichen zeitgeschichtlichen Bestände des Stadtarchivs Walsrode bzw. der „Walsroder Zeitung“ zurückgegriffen. Das erste Kapitel des Buches ist eine überwiegend chronologisch geordnete Dokumentation typischer Beispiele von Anzeigen, Bekanntmachungen, Aufrufen, Plakaten und vielem anderen mehr.

Das zweite Kapitel ist ein visueller Rundgang durch die Stadt, zunächst durch die Innenstadt in mehreren Jahrzehnten, dann beispielhaft auch durch die Peripherie. Hier stehen die umfangreichen baulichen Veränderungen im Mittelpunkt, die einen Höhepunkt in der Innenstadtsanierung der 1980er- und 1990er-Jahre fanden.

Man sieht, dass sich das Stadtbild doch grundlegend verändert hat. Aus einer etwas verschlafenen, nicht sehr wohlhabenden kleinen Landstadt wurde ein bedeutendes Mittelzentrum, in das die Moderne Einzug gehalten hat und das ein breit gefächertes Angebot für uns Bürger bereithält. Dies wird – wiederum beispielhaft – im dritten Kapitel angedeutet, in dem es um die öffentlichen Einrichtungen geht. Hier werden auch Personen aus Politik und Verwaltung gezeigt, die an wichtigen Entscheidungen beteiligt waren.

Im vierten Kapitel stehen dann die anderen Menschen in der Stadt im Zentrum des Interesses. Hier kann man sehen, dass viele Traditionen wie das Schützenwesen bis heute erhalten geblieben, andere aber verschwunden sind. Die Lebensweise hat sich allerdings in fast allen Bereichen grundlegend geändert.

Abgerundet wird dieser Bildband mit Momentaufnahmen von oben: mit Luftbildern, die in verschiedenen Jahrzehnten aus Flugzeugen oder aus einem Ballon heraus aufgenommen wurden. Sie geben Einblicke, die man selten zu sehen bekommt.

Gunther Gerhardt
Walsrode, Oktober 2010

Diese Luftaufnahme aus dem Jahr 1960 gibt den Blick von Osten auf den Stadtkern von Walsrode frei.

1

Kriegsende und Nachkriegszeit

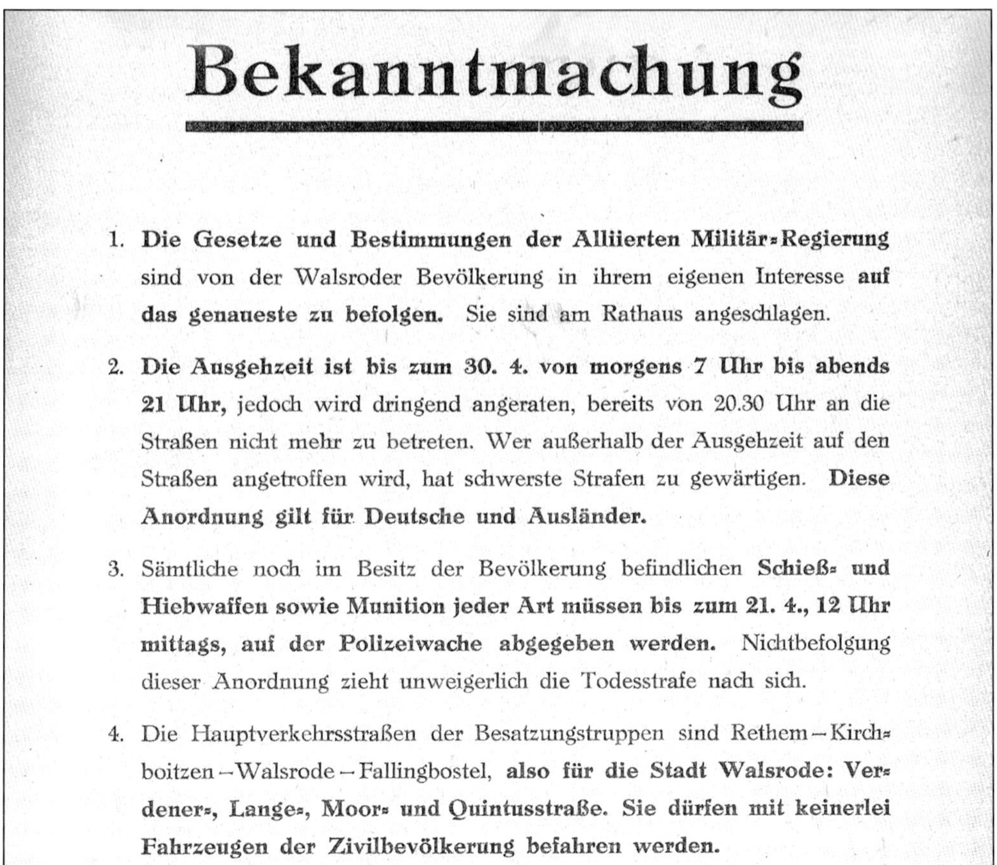

Bekanntmachung

1. **Die Gesetze und Bestimmungen der Alliierten Militär-Regierung** sind von der Walsroder Bevölkerung in ihrem eigenen Interesse **auf das genaueste zu befolgen.** Sie sind am Rathaus angeschlagen.

2. **Die Ausgehzeit ist bis zum 30. 4. von morgens 7 Uhr bis abends 21 Uhr,** jedoch wird dringend angeraten, bereits von 20.30 Uhr an die Straßen nicht mehr zu betreten. Wer außerhalb der Ausgehzeit auf den Straßen angetroffen wird, hat schwerste Strafen zu gewärtigen. **Diese Anordnung gilt für Deutsche und Ausländer.**

3. Sämtliche noch im Besitz der Bevölkerung befindlichen **Schieß- und Hiebwaffen sowie Munition jeder Art müssen bis zum 21. 4., 12 Uhr mittags, auf der Polizeiwache abgegeben werden.** Nichtbefolgung dieser Anordnung zieht unweigerlich die Todesstrafe nach sich.

4. Die Hauptverkehrsstraßen der Besatzungstruppen sind Rethem–Kirchboitzen–Walsrode–Fallingbostel, **also für die Stadt Walsrode: Verdener-, Lange-, Moor- und Quintusstraße. Sie dürfen mit keinerlei Fahrzeugen der Zivilbevölkerung befahren werden.**

Am 15. April 1945 wurde die Stadt nach Beschuss durch englische Panzer gegen 15.00 Uhr kampflos eingenommen. Fünf Tage später, am 20. April 1945, machte der von den Alliierten eingesetzte Bürgermeister Hans Wolff seine erste Bekanntmachung mittels dieses Aushangs (Auszug).

Walsrode, den 1. Mai 1945.

Bekanntmachung

1. **Jede Person auf der Straße muß im Besitz eines Lichtbild-Ausweises sein.** Das gilt insbesondere auch für Frauen.

2. **Es ist den deutschen Bürgern strengstens verboten, mit den Alliierten Besatzungstruppen Tauschgeschäfte vorzunehmen.** Es wird von Seiten der Alliierten Militär-Regierung beanstandet, daß z. B. von deutscher Seite aus Lebensmittel gegen Zigaretten getauscht werden. **Verstöße gegen diese Anweisung werden streng bestraft.**

3. **An die Familien von Soldaten, die der deutschen Wehrmacht angehören, werden die bisherigen Unterstützungen des Reiches nicht mehr gezahlt.** Die Stadtverwaltung wird daher Unterstützungen in dem Rahmen, wie sie an bedürftige Familien gezahlt werden, ausgeben. Diese Anweisung besagt, daß alle von dieser Maßnahme betroffenen arbeitsfähigen Frauen sich so schnell wie möglich beim Arbeitsamt melden, denn es ist verständlich, daß die Stadtverwaltung in Anbetracht der ungewöhnlich hohen ihr jetzt entstehenden Lasten bei Gewährung von Unterstützungen den allerstrengsten Maßstab anlegen muß.

4. **Die Alliierte Militär-Regierung fordert laufend eine große Anzahl Arbeitskräfte für Straßen-Instandsetzungsarbeiten an. Diese Anforderungen können nur erfüllt werden, wenn sich alle arbeitsfähigen Männer ungeachtet ihres Standes und ihres Berufes zum Arbeitseinsatz beim Arbeitsamt melden.** Die neuen Lebensmittelkarten werden erst nach Kontrolle der Arbeitsamtskartei in Bezug auf die Meldung der männlichen Arbeitskräfte an die Familien ausgehändigt.

5. **Bei der Räumung verschiedener öffentlicher Gebäude u. Fabriken durch englische Truppen sind die Einrichtungsgegenstände von den englischen Truppen häufig auf die Straße gebracht worden. Es ist selbstverständlich, daß alle diese Einrichtungsgegenstände Eigentum der Gemeinde sind und bleiben.** Jedwedes unrechtmäßiges Aneignen dieser Gegenstände verbietet sich daher von selbst und wird unnachsichtig als Plünderung verfolgt werden. Dasselbe gilt von dem Holz gesprengter Brücken oder sonstigem öffentlichen Eigentum, wie auch von der deutschen Wehrmacht zurückgelassener Gegenstände.

6. **Sämtliche aus der Schule am Markt entwendeten Gegenstände, wie Schulmöbel, Schulbücher, Nähmaschinen, Instrumente usw., sind am Donnerstag, 3. Mai, vormittags, bis spätestens 12 Uhr in der Turnhalle in der Moorstraße abzuliefern.** Das gilt auch für die Gegenstände, die beschädigt waren.

7. **Die Wasserversorgung der Stadt ist wieder in Ordnung, jedoch muß der Wasserverbrauch auf das äußerste eingeschränkt werden.** Das Sprengen von Gärten ist daher weiter streng verboten. Bei Zuwiderhandlungen wird der Wasseranschluß gesperrt.

8. **Die Stromversorgung ist behelfsmäßig angelaufen. Es wird jedoch erheblich weniger Strom von der Hastra geliefert wie früher.** Es ist daher das Kochen und Heizen mit elektrischem Strom grundsätzlich nicht erlaubt. Bei Zuwiderhandlungen wird der Anschluß gesperrt.

9. **Es wird nochmals nachdrücklich darauf hingewiesen, daß alle Wehrmachtsangehörigen im Stadtbezirk sich unbedingt sofort bei der Polizei zu stellen haben.** Zuwiderhandlungen führen zur Bestrafung sowohl der Säumigen wie auch derjenigen, die solche Wehrmachtsangehörige aufnehmen.

10. **Leider finden sich immer noch Volksgenossen, die es verstehen, sich bezugsbeschränkte Nahrungsmittel wie Eier, Milch, Kartoffeln, Butter usw. von den Landwirten zu besorgen.** Da dies nur auf Kosten der Allgemeinheit möglich ist, wird in Zukunft mit aller Schärfe gegen die Abnehmer und Lieferanten vorgegangen werden. Alle derartigen bezugsbeschränkten Waren sind, wie auch früher, nur dorthin zu liefern oder von dort zu beziehen, wie vor der Besetzung. Weiterhin wird darauf hingewiesen, **daß nach wie vor jede Schwarzschlachtung verboten ist.** Zuwiderhandlungen werden mit aller Schärfe verfolgt und bestraft werden.
    Jede Schwarzschlachtung wird auf Kosten der Fleischversorgung der Allgemeinheit vorgenommen und sollte sich so von selber verbieten.

11. **Es wird darauf hingewiesen, daß sich auch alle Jugendlichen, die das 14. Lebensjahr vollendet haben, beim Arbeitsamt sofort zu melden haben.** Ein etwa erfolgender Einsatz der Jugendlichen wird ihrem Lebensalter entsprechend vorgenommen werden.

Der von der Alliierten Militär-Regierung
beauftragte provisorische Bürgermeister.
Hans Wolff.

Diese Bekanntmachung der alliierten Militärregierung erschien am 1. Mai 1945.

Aushang in der Stadt Walsrode vom 16. Juni 1945.

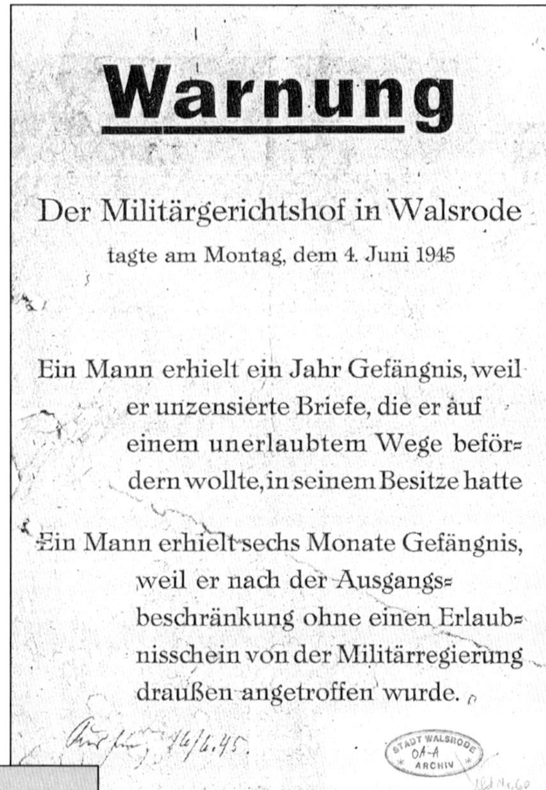

Warnung

Der Militärgerichtshof in Walsrode

tagte am Montag, dem 4. Juni 1945

Ein Mann erhielt ein Jahr Gefängnis, weil er unzensierte Briefe, die er auf einem unerlaubtem Wege beför= dern wollte, in seinem Besitze hatte

Ein Mann erhielt sechs Monate Gefängnis, weil er nach der Ausgangs= beschränkung ohne einen Erlaub= nisschein von der Militärregierung draußen angetroffen wurde.

14/6.45

STADT WALSRODE OA-A ARCHIV

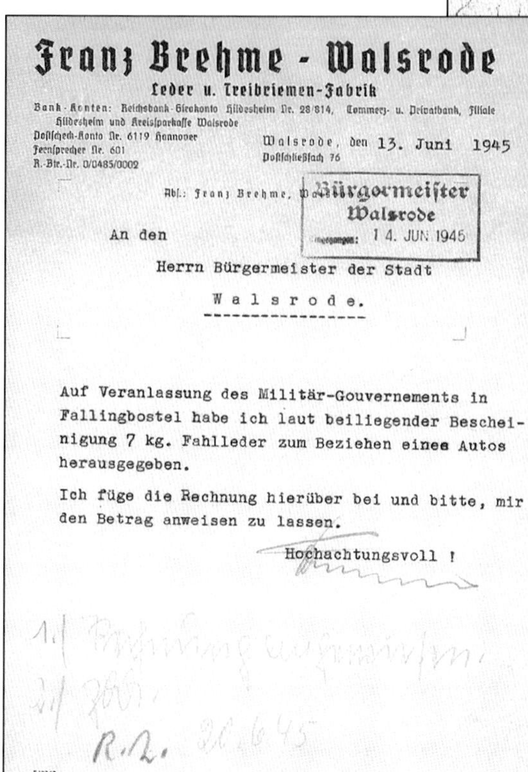

Franz Brehme - Walsrode

Leder u. Treibriemen-Fabrik

Bank-Konten: Reichsbank-Girokonto Hildesheim Nr. 28/814, Commerz- u. Privatbank, Filiale Hildesheim und Kreissparkasse Walsrode

Postscheck-Konto Nr. 6119 Hannover

Fernsprecher Nr. 601

R.-Btr.-Nr. 0/0485/0002

Walsrode, den 13. Juni 1945

Postschließfach 76

Abs.: Franz Brehme, Wa...

Bürgermeister Walsrode

Eingegangen: 14. JUN 1945

An den

Herrn Bürgermeister der Stadt

Walsrode.

Auf Veranlassung des Militär-Gouvernements in Fallingbostel habe ich laut beiliegender Bescheinigung 7 kg. Fahlleder zum Beziehen eines Autos herausgegeben.

Ich füge die Rechnung hierüber bei und bitte, mir den Betrag anweisen zu lassen.

Hochachtungsvoll !

Die Rechnung der Firma Brehme an die Stadt Walsrode vom Juni 1945 zeugt vom Wiederbeginn des „normalen" Lebens. Die Lederwarenfabrik Brehme gehörte einst neben der Firma Wolff zu den führenden Unternehmen der Region. Nach der Währungsreform florierte der Betrieb. 1963 waren dort über 500 Arbeitnehmer beschäftigt.

NEUE

Walsroder Nachrichten

MITTEILUNGSBLATT
DER BRITISCHEN MILITÄR-REGIERUNG FÜR DEN KREIS FALLINGBOSTEL

Nummer 1 | Walsrode, den 11. August 1945 | Preis 10 Pfg.

Die Walsroder Nachrichten erscheinen ab heute wöchentlich einmal (Sonnabend). Sie bringen den Einwohnern des Kreises Fallingbostel die Mitteilungen und Verfügungen der Britischen Militär-Regierung sowie die Amtlichen Bekanntmachungen der Kreis- und Kommunalbehörden zur Kenntnis und zur genauesten Beachtung.

DRUCK UND VERLAG: Buchdruckerei Gronemann, Walsrode,
— seit 1866 im Familienbesitz — Inhaber: Hans-Hubert Schumacher

Neubeginn der Presse: Am 11. August 1945 wurde die erste Nachkriegzeitung herausgegeben, die „Walsroder Nachrichten“. Darin erschien auch der Hinweis, dass die Zeitung nun jeden Sonnabend herausgegeben werde. Seit dem 1. September 1949 erscheint die Zeitung wieder als „WZ“.

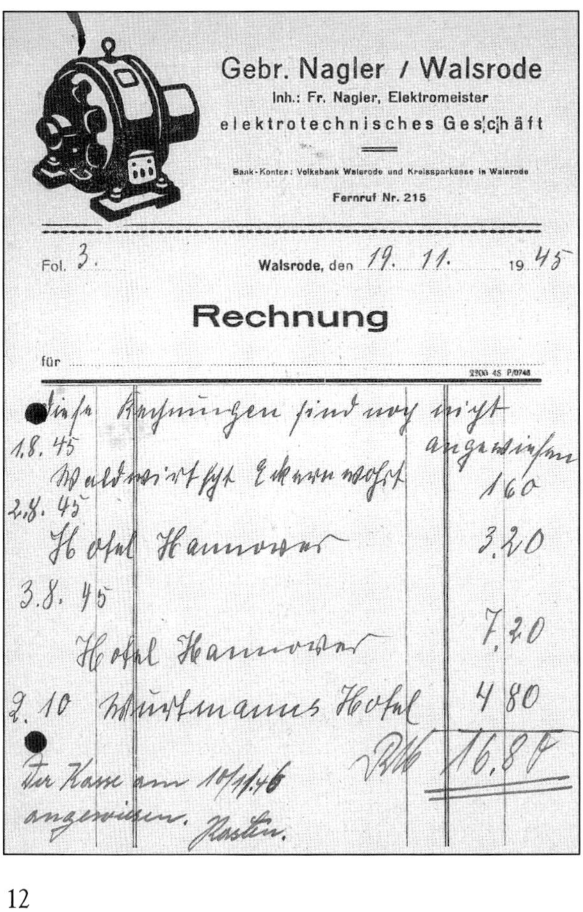
Gebr. Nagler / Walsrode
Inh.: Fr. Nagler, Elektromeister
elektrotechnisches Geschäft
Bank-Konten: Volksbank Walsrode und Kreissparkasse in Walsrode
Fernruf Nr. 215

Fol. 3. Walsrode, den 19. 11. 1945

Rechnung

für

Diese Rechnungen sind noch nicht angewiesen
1.8.45 Waldwirtschaft Eckernworth 1,60
2.8.45 Hotel Hannover 3,20
3.8.45 Hotel Hannover 7,20
2.10 Wurtmanns Hotel 4,80
RM 16,80
Zur Kasse am 10/1/46 angewiesen. Kasten.

Im November 1945 stellte die Firma Nagler diese Rechnung aus.

Weihnachtsbescherung.

Die Kinder der Walsroder Flüchtlinge sollen zum Weihnachtsfest mit Spielsachen bedacht werden. Die Eltern werden deshalb gebeten, sich am Sonntag, 23. ds. Mts., um 14 Uhr, mit ihren Kindern im Hilperdinger Saal einzufinden.

Walsrode, den 20. Dezember 1945.

Der Bürgermeister. Kammerer.

Eine Bekanntmachung aus dem Jahr 1945.

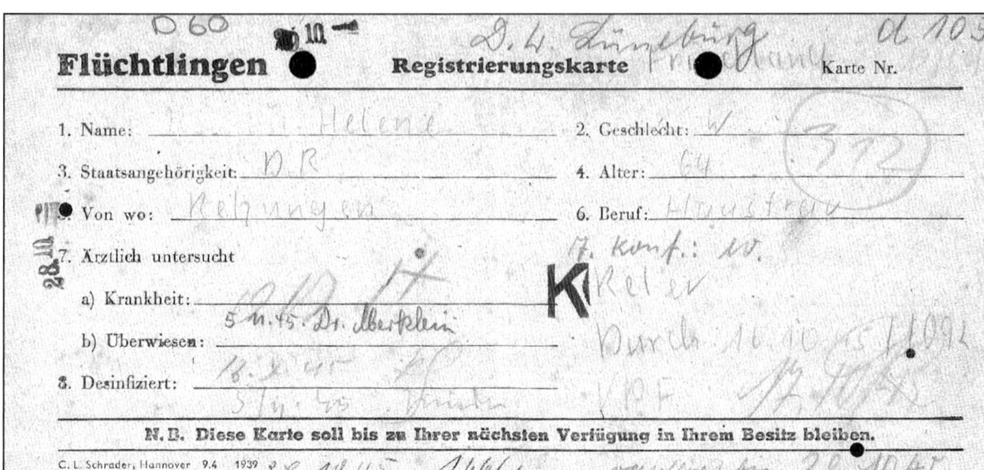

Flüchtlingen **Registrierungskarte** Karte Nr.

1. Name:
2. Geschlecht:
3. Staatsangehörigkeit:
4. Alter:
5. Von wo:
6. Beruf:
7. Ärztlich untersucht
   a) Krankheit:
   b) Überwiesen:
8. Desinfiziert:

N.B. Diese Karte soll bis zu Ihrer nächsten Verfügung in Ihrem Besitz bleiben.

C. L. Schrader, Hannover 9.4 1939

Diese Registrierungskarte aus dem Jahr 1945 gehörte einem Flüchtling. Mit der Kapitulation kehrten die Zwangsarbeiter in ihre Heimat zurück, die Wohnlager leerten sich und Flüchtlinge aus dem ehemaligen deutschen Osten strömten in die Stadt. Die Heimatvertriebenenzählung vom Oktober 1948 ergab 3.947 neue Bürger, hinzu kamen fast 1.500 Evakuierte.

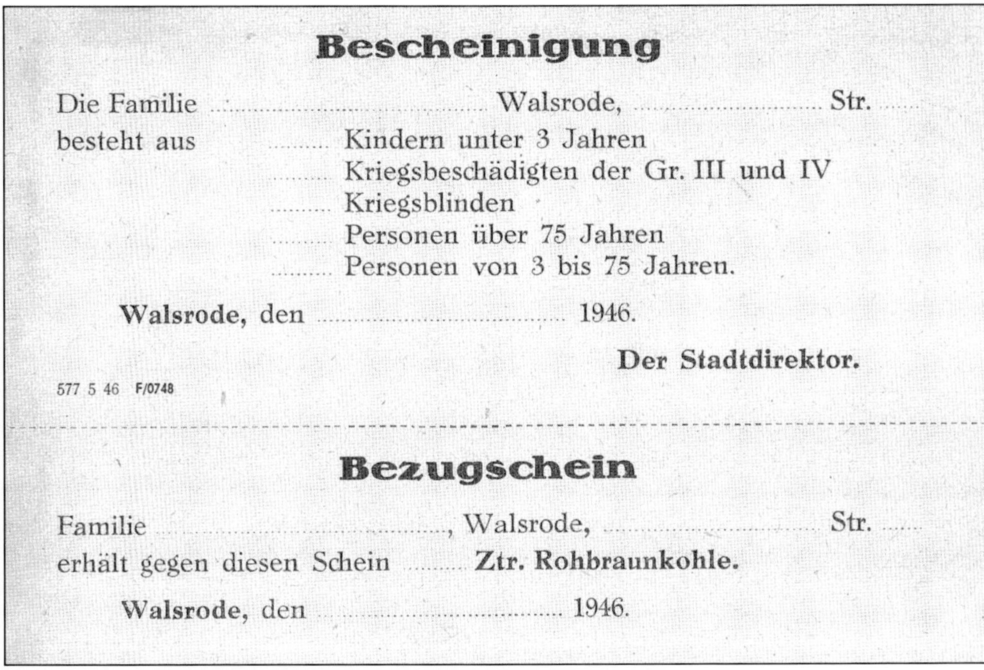

Bescheinigung

Die Familie .... Walsrode, ... Str. ....
besteht aus .... Kindern unter 3 Jahren
.... Kriegsbeschädigten der Gr. III und IV
.... Kriegsblinden
.... Personen über 75 Jahren
.... Personen von 3 bis 75 Jahren.

Walsrode, den .... 1946.

Der Stadtdirektor.

577 5 46 F/0748

Bezugschein

Familie ...., Walsrode, ... Str. ....
erhält gegen diesen Schein .... **Ztr. Rohbraunkohle.**

Walsrode, den .... 1946.

Derartige Bescheinigungen aus dem Jahr 1946 werden im Stadtarchiv Walsrode aufbewahrt.

Mit diesem Handzettel warb die CDU 1946 um Stimmen.

Jeglicher Zuzug in den Kreis Fallingbostel ohne vorherige schriftliche Zuzugsgenehmigung ist verboten.

Zuwiderhandelnde erhalten im Kreise Fallingbostel

keinen Wohnraum
keine Lebensmittelkarten
keine Fürsorgeunterstützung

Sie werden auf eigene Kosten in ihre Herkunftsorte zurückgewiesen.

Der Oberkreisdirektor
gez. Knoke

Aushang des Oberkreisdirektors, 1947.

SPD

Paul Löbe, langjähriger Reichstags-präsident vor 1933

SPRICHT IN WALSRODE

am Sonnabend, dem 12. April, um 16 Uhr,
in Wurtmanns Hotel mit Garten.

Ob Anhänger, ob Gegner, der nun 72jährige Paul Löbe ist jedem als achtbarer Mensch bekannt, keiner versäumt deshalb die Gelegenheit und hört Paul Löbe persönlich.

Biete neues Bügeleisen
mit Schnur,
gegen Federbett.

Werner Eisel, Bullerberg 23.

Zwei typische Kleinanzeigen aus dem Jahr 1947.

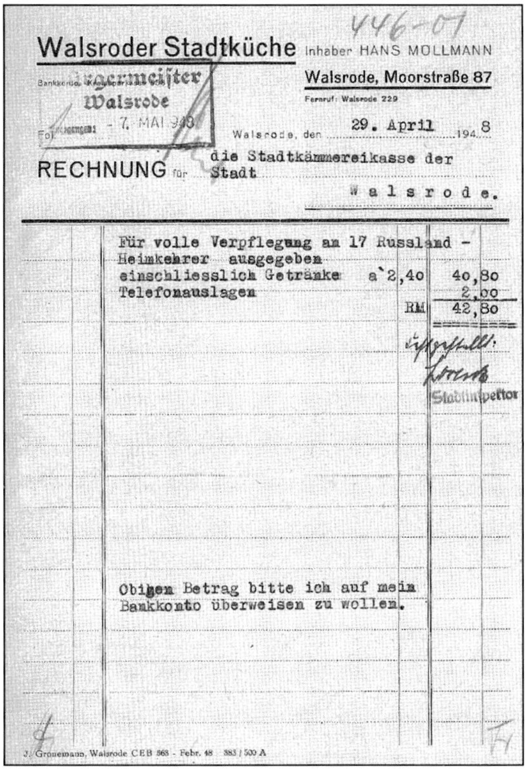

Walsroder Stadtküche Inhaber HANS MÖLLMANN

Walsrode, Moorstraße 87

Fernruf: Walsrode 229

Bürgermeister Walsrode - 7. MAI 1948

Walsrode, den 29. April 1948

RECHNUNG für die Stadtkämmereikasse der Stadt

Walsrode.

Für volle Verpflegung an 17 Russland - Heimkehrer ausgegeben einschliesslich Getränke	a`2,40		40,80
Telefonauslagen			2,00
		RM	42,80

Obigen Betrag bitte ich auf mein Bankkonto überweisen zu wollen.

J. Gronemann, Walsrode CEB 868 - Febr. 48 383 / 500 A

Die Walsroder Stadtküche stellte der Stadt Walsrode am 29. April 1948 einen Betrag von 42,80 RM für die „volle Verpflegung“ von 17 Russlandheimkehrern „einschließlich Getränke und Telefonauslagen“ in Rechnung.

Mit diesem Plakat lud man 1948 die Kriegsgeschädigten zu einem Vortrag über Selbsthilfe ein.

Der Aufruf zur Gründung eines Jugendheims erschien am 19. März 1949.

Helft unserer Jugend!

In Ermangelung sonstiger geeigneter Räumlichkeiten soll einem seit langem berechtigten Wunsche unserer Jugend Rechnung getragen und

ein überparteiliches Jugendheim

errichtet werden.

Da behördlicherseits hierfür die Gelder fehlen, rufen wir die gesamte Bevölkerung zur Mithile auf.

Von der Stadt Walsrode sind sogenannte BAUSTEINE in Kunstfarbendruck herausgegeben, die zum Preise von 1.-, 3.- und 5.- DM erworben werden können. Diese Gutscheine werden in nächster Zeit durch die Jugend von Haus zu Haus u. in allen Veranstaltungen zum Kauf angeboten. Walsroder Bürger! Laßt die Bitte unserer Jugend nicht ungehört, zeigt ein offenes Herz und tragt durch Kauf der Bausteine zur Errichtung des Heimes bei.

Die Jugend wird es Euch danken

WALSRODE,
im März 1949

Stadt Walsrode

Ahrens, Bürgermeister Stellmach, Stadtdirektor

Mit dieser am 13. Juli 1949 in der „Walsroder Zeitung“ veröffentlichten Anzeige luden Busse & Krüger aus Walsrode und Otto Kirchner aus Fallingbostel zur Sonderschau der neuen Volkswagenmodelle ein.

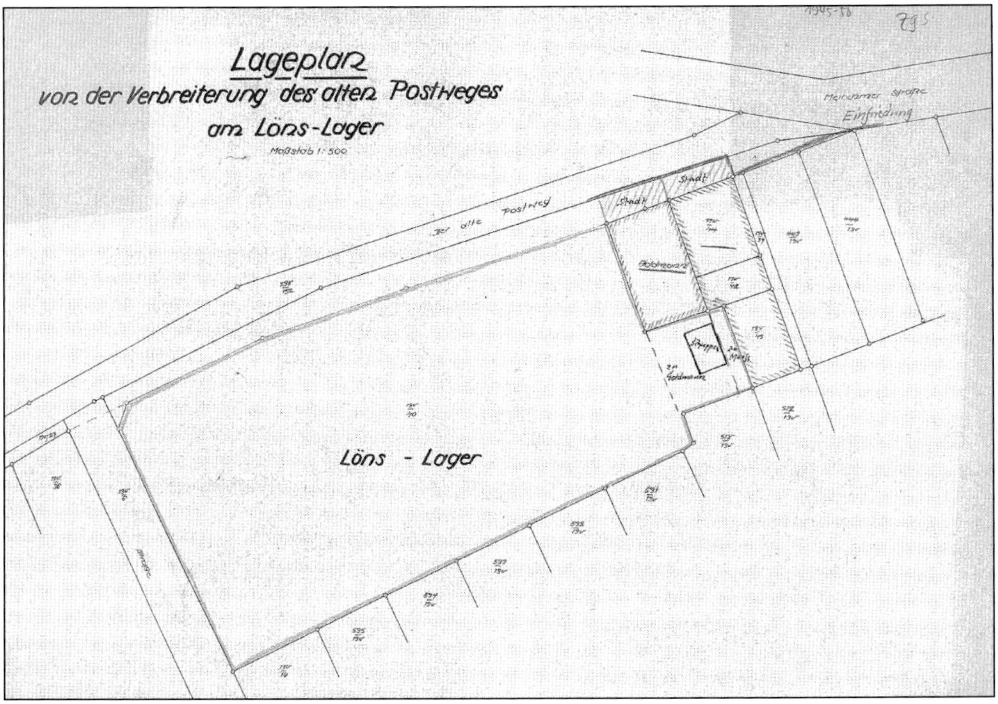

Grundriss des Löns-Lagers, um 1949.

Diese Baracke im Löns-Lager am Alten Postweg wurde als Notunterkunft genutzt. Das Bild entstand 1967, kurz vor dem Abriss.

2

Das Gesicht der Stadt ändert sich – ein Rundgang

Blick in die Moorstraße, 1954. Der Verkehr rollte noch in beiden Richtungen und auf Kopfsteinpflaster.

Blick auf die Alte Post in der Moorstraße, 1955.

Die Moorstraße im Jahr 1958. Links sieht man die Kreissparkasse, rechts die Alte Post mit dem Turm.

Diese Ansicht des östlichen Teils der Moorstraße wurde 1968 aufgenommen.

Der westliche Teil der Moorstraße im Jahr 1970.

Der Werkseingang der Firma Leder-Brehme, etwa 1953. Von 1960 bis 1962 entstand ein neues Gebäude im Kleinen Graben, das heute Wohn- und Geschäftsräume beherbergt (siehe auch Seite 11 und 23).

Im November 1972 wurde der Kleine Graben ausgebaut. Das Bild gibt auch den Blick auf das Brehme-Gebäude frei.

Die Moorstraße 28 bis 30 an der (späteren) Ecke Moor- und Poststraße im Jahr 1970, kurz vor dem Abriss. Links stand damals der „Schwarze Hermann". Rechts hatte der Obsthändler Bodenstein sein Geschäft.

1972 entstand an der Ecke Moor- und Poststraße der Neubau eines Aldi-Marktes.

Friseursalon/Parfümerie in der Moorstraße, 1974.

Mit der Firma Hogrefe (links) und Radio Haack (rechts) bot der Große Graben 1959 gute Einkaufsmöglichkeiten.

1986 nahm man Walsrode in das Städtebauförderungsprogramm auf, in dessen Rahmen zwischen 1987 und 2006 rund 100 Gebäude saniert wurden, darunter auch dieses Haus im Großen Graben. Vor der Sanierung war das historische Erscheinungsbild durch die einflügeligen Fenster, die ortsuntypische Keramikfassade und durch die „einhüftige“ Anordnung der Dachgaube gestört.

Dasselbe Gebäude nach der Sanierung, 1989. Das historische Erscheinungsbild ist im Erdgeschoss wiederhergestellt und die Dachgaube anders angeordnet.

Blick auf die Klostermauer am Ostende der Langen Straße mit dem Textilkaufhaus Hoppstädter (rechts) und dem Haus des Walsroder Bankvereins, der späteren Volksbank (links) an der Kreuzung. Die Aufnahme entstand 1950.

1954 wurde die Fassade der Alten Ratsapotheke neu gestaltet. Die 1659 eröffnete Apotheke ist die älteste im Landkreis.

Der Innenraum der Alten Ratsapotheke im Jahr 1958 nach der kompletten Modernisierung.

Der Blick in die Lange Straße zeigt auch die neu gestaltete Alte Ratsapotheke, dahinter die Rathäuser von 1760 und 1904 (siehe auch Seite 74). Diese Ansichtskarte erschien 1962.

Diese Maßnahme in der Langen Straße ist ein weiteres Beispiel für das Projekt Innenstadtsanierung (siehe auch Seite 25). Das historische Erscheinungsbild des Hauses aus dem 18. Jahrhundert war 1987 durch die einflügeligen Fenster gestört und das Gebäude zeigte bereits Verfallserscheinungen.

Nach der Sanierung 1989 war das historische Erscheinungsbild im Erdgeschoss wiederhergestellt. Die innovative Gestaltung der Dachflächen durch Dachgauben weist auf eine erweiterte Nutzung der Innenräume hin.

Den Supermarkt von Johannes Schmidt am Standort der früheren Gaststätte „Deutsches Haus" gab es von 1972 bis 1985. Die Aufnahme von 1973 zeigt den Blick vom Parkplatz des damaligen Passagekaufhauses Geschke aus.

An der Ecke Worth und Lange Straße floss im Jahr 1967 der Verkehr noch in beide Richtungen.

Das Textilhaus Hoppstädter bekam 1972 eine neue Fassade im Stil der 1970er-Jahre. Das heute dort ansässige Architekturbüro hat die Fassade inzwischen wieder in einen Zustand versetzt, der den historischen Erfordernissen entspricht.

Ein Blick über die Küchenwiesen – heute Klostersee – auf das Kloster und die Stadt. Das Bild wurde 1954 aufgenommen.

Der frühere Hindenburgplatz und heutige Kirchplatz, 1955. Links hinter den Bäumen liegt die Kirche.

Blick von Norden in Richtung Kirchplatz, 1967. Links sieht man das 1618 erbaute, älteste Haus in Walsrode, rechts die Kreissparkasse. Die Straße war zu dieser Zeit noch in beiden Richtungen befahrbar.

1967 fanden am Kirchplatz umfangreiche Baumaßnahmen statt.

Die Lagerräume der Firma Lahmann, etwa 1955. Links sieht man das Haus Am Kloster 5.

Um 1962 riss man die alte Wassermühle (Klostermühle) ab.

1980 wurde diese Brücke am Klostersee erneuert.

Diese Aufnahme von 1982 zeigt die Zufahrt zu Kirche und Innenstadt, rechts liegt der Klostersee.

Auch dieses in den 1760er-Jahren als eingeschossiges Fachwerkgebäude mit Satteldach und Tonhohlpfannen errichtete Haus am Kirchplatz wurde im Rahmen der Innenstadtsanierung umgebaut. Die schlechte Belichtung und Belüftung der Dachräume machten sie für längere Aufenthalte ungeeignet. Die Aufnahme stammt von 1985.

Bei der Sanierung 1989 wurde die Eternitverkleidung am Giebel durch eine Holzverkleidung ersetzt und die einflügeligen Fenster nach historischem Vorbild neu gefertigt. Die innovative Gestaltung des Anbaus aus dem späten 19. Jahrhundert und der Dachflächen weisen auf die nun erweiterte Nutzung der Innenräume hin.

Die Hannoversche Straße im Jahr 1974.

Die Ecke Beim Vorwerk und Hannoversche Straße, 1974.

Die Aufnahme vom 18. August 1956 zeigt die Benzer Straße vor der Neugestaltung.

Altenwohnungen in der Benzer Straße, 1967.

An der Kreuzung Prager Straße und Wiener Platz, 1972.

Die Wohnhäuser in der Bromberger Straße im Jahr 1980.

1966 gab die Buchhandlung Scheling diese Ansichtskarte heraus.

Partie an der Böhme mit der Brücke am Kolk, 1961.

1989 fanden an der Quintusstraße Brückenbauarbeiten statt. Links sieht man das Hotel „Astoria“, das auch über eine Bowlingbahn verfügte.

In der Quintusstraße lag 1977 eine Agip-Tankstelle, wo wir heute den Kfz-Prüfingenieur (TÜV) Regenstein finden.

1975 Am Bahnhof: Links steht noch das Kriegerdenkmal.

Im Sommer 1976 wurde das Kriegerdenkmal dann um ca. 30 Meter vesetzt, um Platz für die Erweiterung der Straße zu schaffen.

Die Baracke am Tierhof kurz vor dem Abriss, 1967.

Beginn der Anlage eines Gewerbegebietes in der Vorbrück, 1976.

Im September 1995 entstand im Gewerbegebiet Vorbrück die zweite Stichstraße, die Heinrich-Hertz-Straße.

1968 wurde in der Vorbrück die Beethovenstraße ausgebaut.

Die Kettenhäuser in der Mozartstraße (Vorbrück), 1969.

1968 fanden in der Haydnstraße (Vorbrück) Ausbaumaßnahmen statt.

Das ehemalige Scheunenviertel, heute Ecke Brüggemannstraße und Saarstraße, mit dem Eingang des Friedhofs, 1956.

Die Häuser am Bismarckring, 1956. Rechts neben dem Sandweg gab es zu dieser Zeit nur Kleingärten, Felder und das Bismarckdenkmal.

Auch im Jahr 1994 blickte man Am Bismarckring noch auf das Bismarckdenkmal, das 1911 von Oskar Wolff gestiftet wurde. Die Wiese ist heute bebaut.

1972 begann die Ausbaustufe I der Kanalbauarbeiten am Bismarckring.

Der Bismarckring I im Oktober 1974. Links sieht man das Gelände des Kleingärtnervereins.

So präsentierte sich der Bismarckring I im Jahr 1975. Im Hintergrund erkennt man die Einmündung in die Verdener Straße.

Das Baugebiet Bismarckring I und die Baustellen am Ahornring, 1977.

Im Rahmen der Ausbaustufe III fanden am Bismarckring 1984 Bauarbeiten zur Anlage eines Radweges statt.

Die Gasolin-Tankstelle und der Autoverleih in der Verdener Straße, um 1960. Seit 1976 steht hier die Walsroder Nissan-Vertretung, das Autohaus Heiko Wenzel.

Die Meirehmer Straße im Jahr 1968. Links gab es einen Konsum-Lebensmittelmarkt, der hinter der Shell-Tankstelle lag.

1968 mussten die Chausseebäume links der verbreiterten Verdener Straße weichen. Rechts befindet sich die Shell-Tankstelle.

Diese Aufnahme von 1975 dokumentiert die Bauarbeiten an der Hostheide beim Meirehmer Berg.

Straßenbau am Meirehmer Berg, 1970. Im Hintergrund ist die Eckernworth zu sehen.

1975 wurde die Straße Am Beckersberg ausgebaut.

Im Oktober 1985 wurde die Kreuzung Oskar-Wolff-Straße/Neue Straße erneuert.

Ein Blick entlang der Cordinger Straße nach Norden, 1956.

Die „Luisenhöhe" am Vogelpark auf einer Ansichtskarte von 1962.

Im Jahr 1970 wurde die Festhalle in der Eckernworth abgerissen. Heute sind weitere Teile baufällig.

Ein Blick entlang der Horststraße nach Süden, 1969.

Diese Luftaufnahme der Weinkellerei Schreiber & Brandt entstand 1958. Das Unternehmen bestand bereits seit 1865, damals unter dem Namen Müller.

Die Zufahrt zur Weinkellerei Schreiber & Brandt am Sieverdinger Kirchweg, Anfang der 1980er-Jahre. Ende der 1990er-Jahre wurden die dahinter liegenden Gebäude zu Wohnzwecken umgebaut.

Der Blick in die Dr.-Schomerus-Straße vom April 1969 unterscheidet sich kaum von der Ansicht, die sich uns heute hier bietet.

Der Nordsunderberg im April 1969.

Im Juli 1971 fand der Ausbau der Claudiusstraße statt.

Diese Herren besichtigten im Jahr 1972 Grundstücke in der Geibelstraße.

Zwischen 1959 und 1962 wurde die Kläranlage Walsrode in der Benzer Straße am Stadtrand errichtet. Die Aufnahme zeigt die Anlage im Jahr 1995.

3

Öffentliche Einrichtungen

1950 fand die Einweihungsfeier der Volksschule Süd statt. Hierbei handelte es sich um das erste große Neubauprojekt nach dem Zweiten Weltkrieg. Vorn links sieht man den niedersächsischen Ministerpräsidenten Kopf und rechts Stadtdirektor Stellmach.

Auf Gut Hilperdingen wurde das frühere Blindenheim (vorn an der Straße) 1957 zum Domizil des Bundesgrenzschutzes (BGS, heute Bundespolizei). Hier sieht man das Gut im Jahr 1952, noch vor dem Einzug des BGS.

Am 30. April 1957 wurden die ersten 200 Grenzjäger des BGS auf dem Sportplatz Eckernworth vereidigt.

Im Jahr 1949 stellten sich die Lehrer der Mittelschule am Kirchplatz zum Gruppenbild auf. Hier sieht man (v. l.) die Damen und Herren: Rex, Krüger, Härchen, Köhler, Holze, Richter, Josopait, Koßmann, Grimm, Walter, Adamietz, Vogt, Schwamborn, v. Mensenkampf, Schultze, Rektor Fröhlich, Ziesenis und Wurbs.

Die Abschlussklasse 10 b der Mittelschule Walsrode, 1952.

Das Freibad Eckernworth in Walsrode auf einer Ansichtskarte von 1967. In diesem Jahr wurden neue Umkleidekabinen gebaut.

Fördergemeinschaft Hallenbad Walsrode e. V.

Beitrittserklärung

Ich erkläre hiermit, daß ich mich an der „Aktion Bürgersinn" ab 1. Juni 1968 bis 31. Mai 1971 beteilige und als förderndes Mitglied der „Fördergemeinschaft Hallenbad Walsrode e. V.", 303 Walsrode, Postfach 77, beitrete.

Ich verpflichte mich, gleichzeitig für drei Jahre – also 36 Monate – einen Beitrag von 5,– DM monatlich auf eines Ihrer Konten zu überweisen:

Commerzbank	**29/42423**
Kreissparkasse	**1080399**
Volksbank	**1718**

Die von mir gezahlten Beiträge dürfen ausschließlich nur für den Bau eines Hallenbades verwendet werden.

Nach erfüllter Zahlung der Beiträge für 3 Mitgliedsjahre werden mir, nach Inbetriebnahme des Hallenbades, 4 Jahre lang pro Badesaison DM 45,– in Teilbeträgen von –,50 DM als Ermäßigung auf den Eintrittspreis angerechnet

Zum Nachweis für die Vergünstigung erbittet die FÖRDERGEMEINSCHAFT nachfolgende Angaben in Blockschrift:

Name Vorname

Postleitzahl Wohnort Straße Nr.

Datum Unterschrift

Annahmestellen für die Beitrittserklärungen sind die vorgenannten Geldinstitute.

Im Rahmen der „Aktion Bürgersinn" konnten alle, die sich für Walsrode ein Hallenbad wünschten, der Fördergemeinschaft Hallenbad Walsrode e. V. beitreten und den Bau durch eine monatliche Spende von 5 DM unterstützen. Hier sieht man die Beitrittserklärung der Fördergemeinschaft von 1967/68.

Die Fördergemeinschaft Hallenbad Walsrode e. V. erreichte ihr Ziel. Bereits im Juli 1969 befand sich das Hallen- und Freibad Walsrode im Bau.

Das Hallen- und Freibad nach der Fertigstellung 1971.

Dieses Plakat erschien im Juni 1967 zur Eröffnung des Eckernworth-Stadions.

Im Jahr 1972 erhielt das Eckernworh-Stadion einen Parkplatz.

Das Kreiskrankenhaus im Jahr 1970.

Am 18. Juni 1970 fand die Grundsteinlegung zur neuen Grundschule „Vorbrück“, heute „Am Hellteich“ statt.

Diese Aufnahme vom April 1978 zeigt das Grundstück für das geplante Haus des Gastes (Stadthalle).

Im schneereichen Januar 1979 zeigten sich schon deutliche Fortschritte der Bauarbeiten am Haus des Gastes.

So sah die fast fertige Stadthalle im September 1979 aus.

Diese historische Aufnahme aus dem Alten Ratssaal, dem heutigen Trauzimmer des Standesamtes, entstand beim Besuch des niedersächsischen Ministerpräsidenten Kopf im Jahr 1949. Von links sind Bürgermeister Ahrens, Ministerpräsident Kopf und Stadtdirektor Stellmach zu sehen. Stellmach hatte 1948 die Nachfolge von Stadtdirektor Georg Kammerer angetreten.

Georg Kammerer, Jahrgang 1881, 1950 in der Worth. Kammerer wurde 1915 zum ersten hauptamtlichen Bürgermeister der Stadt Walsrode gewählt und amtierte bis 1939. Von 1945/46 bis zu seiner Pensionierung 1948 war er erster Stadtdirektor. 1954 baute er auf seinem Grundstück in der um 1938 nach ihm benannten Straße ein Haus, in dem er bis zu seinem Tod 1957 lebte.

Mitarbeiter der Stadtverwaltung bei einem Ausflug, etwa 1963. Vorn sieht man den damaligen Stadtdirektor Wilfried Cascorbi.

Winfried Süßmann	Hans Prümm	Georg Weigt	Siegfried Lorenz	Willy Heim
2. stellv. Bürgermeister	1. stellv. Bürgermeister	Bürgermeister	Stadtdirektor	Stadtoberamtsrat

Die stellvertretenden Bürgermeister Winfried Süßmann und Hans Prümm, Bürgermeister Georg Weigt, Stadtdirektor Siegfried Lorenz sowie sein Stellvertreter Stadtoberamtsrat Willy Heim kamen hier 1974 zu einer Sitzung des Bürgermeisters und der Verwaltungsleitung zusammen.

Im November 1968 begannen die Bauarbeiten für den Erweiterungsbau der Grundschule Am Markt.

Im Juli 1968 wurde eines der Nebengebäude am Rathaus abgebrochen.

1973 wurden in der Worth das Gebäude des Verkehrsvereins sowie die Bedürfnisanstalt abgerissen.

Bürgermeister Georg Weigt bei der Grundsteinlegung für das Neue Rathaus am 23. April 1975.

Die Grundsteinlegung des Neuen Rathauses im April 1975.

Das Niedersachsenhaus in der Langen Straße musste – wie auch das Gebäude links davon – dem Rathaus-Neubau weichen. Das Foto entstand 1977.

Vom 20. bis 23. März 1978 arbeitete man am Abbruch des Niedersachsenhauses.

Die Bauarbeiten am Vorplatz des Neuen Rathauses im November 1978.

1995 wurde der Rathausturm für Instandsetzungsarbeiten eingerüstet. Auf dem Foto sind alle drei Rathäuser der Stadt zu sehen: Rechts das 1760 erbaute Rathaus mit dem Zwiebelturm, in der Mitte jenes von 1904 sowie im Zentrum das „aktuelle“, das 1979 eingeweiht wurde.

Nach dem Umbau 1986/87 feierte das Walsroder Jugendzentrum seine Wiedereröffnung. Bei der Veranstaltung sprach Stadtdirektor Dr. Bussmann.

Das Heidemuseum „Rischmannshof“ in der Eckernworth ist eines der ältesten Freilichtmuseen in Deutschland. Es wurde 1912 gegründet und ist Eigentum der Stadt. Die Teilansicht wurde 1992 aufgenommen.

Ein Blick vom Kirchturm der Stadtkirche auf den Kirchplatz im Jahr 1954.

Eine ähnliche Perspektive, 2009 aufgenommen. Der Kirchplatz ist neu gestaltet. Auch die Häuserfassaden haben sich stark verändert. In der Mitte des Platzes steht das Welfendenkmal, links erkennt man das Gebäude der heutigen Volkshochschule.

4

Menschen kommen zusammen – das Leben in der Stadt

Wilhelm „Amboss" Kühn bei einem Fußballspiel zugunsten der „Woche der Hilfe" im Jahr 1949. Es trat „das Stadtparlament gegen örtliche Prominenz" an.

1949 besuchte der niedersächsische Ministerpräsident Kopf Walsrode. Hier sieht man ihn, in der Mitte sitzend, in fröhlich ausgelassener Runde.

Der Ministerpräsident beim Walsroder Kinderfest am 20. August 1949 mit den Kinderkönigen Helga Gehrke und Dieter Reppin.

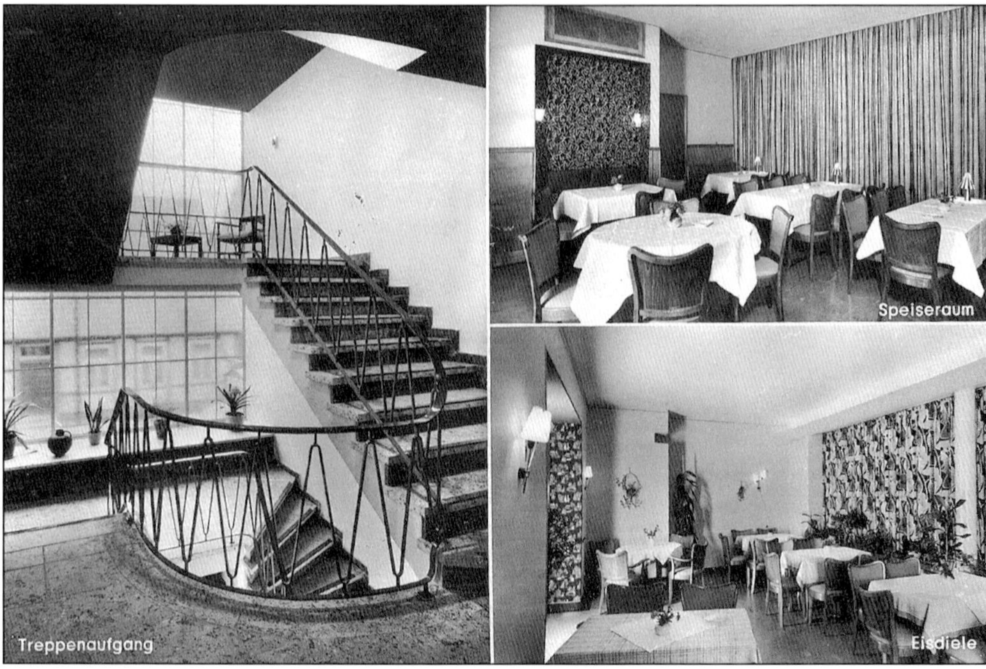

Auf dieser Ansichtskarte von etwa 1965 werden Innenansichten des Hotels „Walsroder Hof“ in der Langen Straße gezeigt.

Das Krippenspiel des Jahres 1950 in Walsrode. Im Vordergrund sieht man den Superintendenten Hans Eckbert Lange.

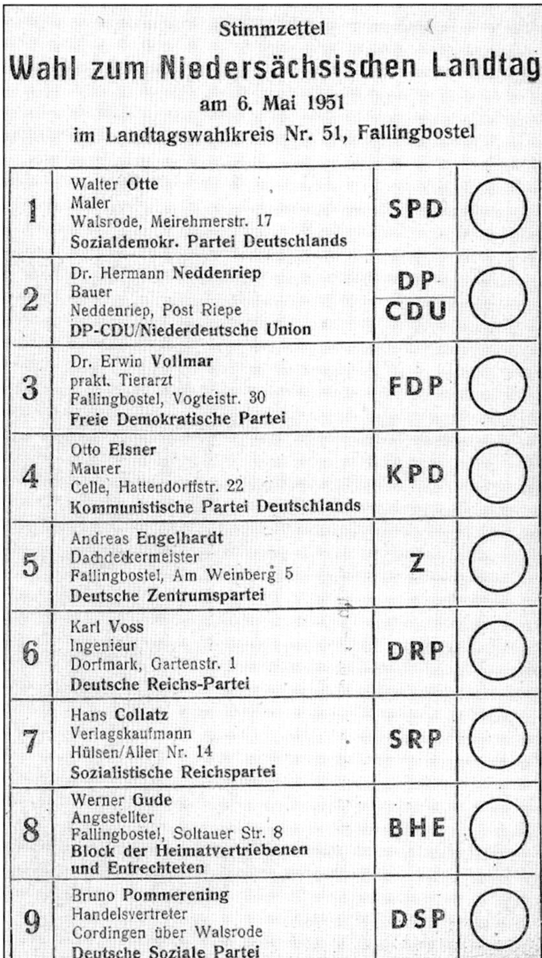

Stimmzettel

Wahl zum Niedersächsischen Landtag

am 6. Mai 1951

im Landtagswahlkreis Nr. 51, Fallingbostel

1	Walter **Otte** Maler Walsrode, Meirehmerstr. 17 **Sozialdemokr. Partei Deutschlands**	SPD	◯
2	Dr. Hermann **Neddenriep** Bauer Neddenriep, Post Riepe **DP-CDU/Niederdeutsche Union**	DP CDU	◯
3	Dr. Erwin **Vollmar** prakt. Tierarzt Fallingbostel, Vogteistr. 30 **Freie Demokratische Partei**	FDP	◯
4	Otto **Elsner** Maurer Celle, Hattendorffstr. 22 **Kommunistische Partei Deutschlands**	KPD	◯
5	Andreas **Engelhardt** Dachdeckermeister Fallingbostel, Am Weinberg 5 **Deutsche Zentrumspartei**	Z	◯
6	Karl **Voss** Ingenieur Dorfmark, Gartenstr. 1 **Deutsche Reichs-Partei**	DRP	◯
7	Hans **Collatz** Verlagskaufmann Hülsen/Aller Nr. 14 **Sozialistische Reichspartei**	SRP	◯
8	Werner **Gude** Angestellter Fallingbostel, Soltauer Str. 8 **Block der Heimatvertriebenen und Entrechteten**	BHE	◯
9	Bruno **Pommerening** Handelsvertreter Cordingen über Walsrode **Deutsche Soziale Partei**	DSP	◯

So sah der Stimmzettel für die Wahl zum Niedersächsischen Landtag im Jahr 1951 aus.

Kinder- und Volksfest der Stadt Walsrode, 1951. Vorn geht der Lehrer Kletus Loga. Das jährliche Kinderfest wurde 1925 von Adolf Lobert und Emil Römer aus der Taufe gehoben.

Plakat für ein Konzert anlässlich der Wiedereröffnung des Freibades, 1951.

Die Jugend musiziert: Kinder- und Volksfest der Stadt Walsrode im Jahr 1951.

Dieses Plakat für eine Musische Tagung des Lehrervereins Walsrode im Jahr 1952 wurde von dem Lehrer Helmut Lohmann gestaltet.

Das öffentliche Platzkonzert zu Pfingsten war in Walsrode eine Tradition. 1952 lud man dazu mit diesem Plakat ein.

Am 20. August 1952 besuchte Max Schmeling das Fußballspiel Germania gegen Visselhövede im Grünenthal. Rechts sieht man den Germania-Vorsitzenden „Männe“ Worthmann.

1952 veranstaltete man im wieder nutzbaren Remter des Klosters Walsrode ein festliches Essen. Das Bild zeigt Konventualinnen und den Präsidenten der Klosterkammer Albrecht Stalmann.

Der Reichsbund der Kriegs- u. Zivilbeschädigten
Sozialrentner u. Hinterbliebenen
Ortsgruppe Walsrode

veranstaltet am 29. Nov. 52, im Hotel Kronprinzen einen

Theaterabend

mit anschließendem Tanz

Es ladet ein: Der Vorstand

Stadt Walsrode Kreis Fallingbostel

Hoffmann, Walsrode

Einladung zu einem Theaterabend, den der Reichsbund im November 1952 veranstaltete.

Am 1. September 1953 kam es am Eingang der Eckernworth, zwischen Hermann-Löns-Straße und Oskar-Wolff-Straße, zur Umsetzung eines Findlings.

Der Kunden-Eildienst der schon 1659 gegründeten Alten Apotheke auf einem Bild aus dem Jahr 1954.

Diese fröhliche Herrenrunde kam etwa 1958 in Walsrode zusammen.

Die Walsroder Schützenkönige von 1954 bei der Proklamation vor dem Rathaus (v. l.): Beissmann (Vorbrück), Wiechers (Schützenkorps), Nollau (Bürgerkönig) und Westphal (Vorwalsrode).

Der Kinderfestumzug des Jahres 1955 am Eingang der Eckernworth. Der Blick fällt auf die Lange Straße, rechts ist die Bäckerei Trube zu sehen.

Hausbau am Bismarckring: „Der Trupp schachtet aus", 27. Juni 1954.

Frühstückspause des Bautrupps am Bismarckring am 27. Juni 1954.

Die Einrichtung in einem Wohnzimmer der 1950er-Jahre.

Ein typisches 1950er-Jahre-Badezimmer, um 1958.

Diese Spielszene stammt aus dem Kinofilm „Mütter, Kinder und ein General", der zum großen Teil in Walsrode gedreht wurde, hier in der Horststraße. Das Bild entstand im November 1954.

Zu den Requisiten für den Film „Kinder, Mütter und ein General“ aus dem Jahr 1954 gehörte auch dieser Panzer …

… und hier sieht man seine Rückseite. Die beiden Aufnahmen wurden von Karl-Heinz Hoeft in der Apfelallee/Horststraße gemacht.

Verpackung von Walsroder Darm (Kunstdarm für Lebensmittel) bei der zur Firma Wolff gehörigen Peter KG, etwa 1955.

1962 startete die Vermarktung von Walsroder Methylcellulose als Kleister und Leim für den Endverbraucher.

Ansichtskarte des Etablissements „Am Kamin". In seinem Haus in der Hannoverschen Straße initiierte Hilmar Stock legendäre Theatergastspiele, die später im „Capitol" und in der Stadthalle aufgeführt wurden.

Voranzeige für die Theatergastspiele „Am Kamin" für die Spielzeit 1967/68. Die Besetzung zeigt, dass in Walsrode von Liselotte Pulver bis O. W. Fischer deutsche Spitzenschauspieler auftraten.

Der Milchwagen von „Meinicken August“ war von Mitte der 1950er- bis Anfang der 1960er-Jahre im Einsatz. Hier sieht man ihn 1955 in der Oskar-Wolff-Straße.

Die ehemalige Kurpension „Friedrichslust“ wurde nach dem Zweiten Weltkrieg zur Kreishaushaltungsschule umfunktioniert, hier etwa 1955. Heute befindet sich in dem Gebäude die Lebenshilfe.

Im Jahr 1956 feierte das Schützenkorps Vorbrück sein 75. Jubiläum.

korps
1956

Die Kapelle der Vorbrücker Schützen bei einem Fest im Jahr 1962.

Ein Wohnhaus auf dem Gelände des Vogelparks, um 1965.

Tiefbauarbeiten Am Bahnhof, 1967.

Im Jahr 1968 entstand die Fußgängerbrücke zum Klostersee.

Am 1. Mai 1965 gab die Stadt Walsrode einen Empfang für den DGB. Von links: MdB Schlüter, Bürgermeister Hoppe (Walsrode), Erster Bürgermeister Nevermann (Hamburg), Herr Häntzsch (DGB) und Stadtdirektor Lorenz. 20 Jahre zuvor hatten sich in Walsrode erstmals wieder deutsche Gewerkschaftler zur Besprechung über die Wiedergründung freier Verbände getroffen.

Werbeplakat für eine Feier am Lönsgrab in Tietlingen im Jahr 1968.

Dieses Foto des Bauamtes entstand im April 1969 zur Freigabe der Straße Am Tierhof, Ecke Dürerring.

Der frühere Walsroder Wochenmarkt bei der Marktschule/Feuerwehr, 1973.

In der Straße Am Vorwerk fanden 1970 Tiefbauarbeiten statt.

Durch einen Sturm entstand im Herbst 1977 in der Ludwig-Harms-Straße großer Schaden.

Empfang des Schützenvereins Vorwalsrode im Alten Ratssaal mit dem Kreisvorsitzenden Pickard (Mitte), mit Schießwart Funke (2. v. r.) und Hermann Mackenthun (rechts). Die Aufnahme mit den Deutschen Meistern (vgl. Titelbild) entstand 1970.

Werbeaufkleber für den Luftkurort Walsrode, um 1970.

In der ehemaligen Bäckerei Hohmann richtete die Familie zunächst ein Café mit Wiener Charme ein, in dem ab April 1976 Literatur- und Musikabende stattfanden und zahlreiche namhafte Künstler ihre Werke ausstellten. Das Foto von etwa 1975 zeigt das Haus an der Hannoverschen Straße 2 vor dem Umbau.

Im Jahr 1983 fand in der Galerie Hohmann zum Jubiläum „300 Jahre Wiener Caféhaus“ eine Ausstellung mit Otto Samer statt. Hier ist die Eröffnungsfeier zu sehen.

„Lettows Gaststuben“ in der Hannoversche Straße 28 auf einer Ansichtskarte, um 1970.

Am 14. März 1971 wurde die „Luisenhöhe“ durch ein Feuer beschädigt (siehe auch Seite 53).

Das erste Orchester des Akkordeonspielringes im Jahr 1974. Der Verein war 1959 von Wilhelm Hunn gegründet worden, 1960 fand das erste Konzert statt. Es folgten Konzertreisen in die Normandie und nach Moskau, ein Auftritt im NDR-Fernsehen und mehrere Schallplattenaufnahmen.

HOHNER
HOHNER
HOHNER
HOHNER
ELECTRONIUM
A S
W

Ein Ladengeschäft in der Prager Straße, 1972.

Zwei Damen 1972 beim Gespräch „über den Gartenzaun" in der Witternstraße. Zu dieser Zeit war die Straße noch nicht ausgebaut.

Spielplatz an der Ecke Brüggemannstraße und Benzer Straße, 1975.

Der Umzug der Bürgerschützen im Jahr 1986. Hier passieren die Schützen die Benzer Straße vor dem Haus von Kurt Seimer, dem König von 1983. Auch zwei Königsscheiben sind zu sehen.

400 Jahre Bürgerschießen der Stadt Walsrode. Zum Jubiläum am 12. Juni 1977 sprach Bürgermeister Weigt. Günter Scheele hielt den Pokal in den Händen.

Vereinsmitglieder der Bürger der Stadt Walsrode 1577 trafen sich anlässlich des Jubiläums 1977 auf dem alten Marktplatz.

Schneeräumung in der Langen Straße im extremen Winter von 1979.

Beim Tag der offenen Tür zur Eröffnung des neuen Rathauses 1979 spielte die Musikschule Walsrode auf.

Stadtfest im September 1983 zur 600-Jahr-Feier. Das Foto entstand auf dem Rathausvorplatz.

Am 4. September 1983 besuchte der niedersächsische Ministerpräsident Albrecht (Mitte, winkend) Walsrode anlässlich der Feier zum 600. Stadtjubiläum. Während des Festumzuges saßen Bürgermeister Prümm (rechts) und Stadtdirektor Dr. Bussmannn (links) neben ihm.

Im Rahmen der 600-Jahr-Feier gab es am 7. September 1983 auch eine Autorenlesung von Walter Kempowski in der Walsroder Stadthalle.

Eisvergnügen auf dem Klostersee, etwa 1985.

Zum Jubiläum des Klosters gab die Bundespost 1986 die Sonderbriefmarke „Walsrode 1.000 Jahre Kloster" heraus. Auf dem Rathausvorplatz trafen sich vor einer historischen Postkutsche (v. l.) Stadtdirektor Dr. Bussmann, Bundespostminister Schwarz-Schilling, die Äbtissin Lichte-Pfannkuche, der Präsident der Klosterkammer Freiherr von Campenhausen und Bürgermeister Prümm.

Der Auszug der Konventualinnen aus der Stadtkirche anlässlich der 1.000-Jahr-Feier des Klosters Walsrode im Jahr 1986.

Johannis-Singen zur 1.000-Jahr-Feier des Klosters mit Kantor Werner Henke, vor dem Äbtissinnen-Haus, auch bekannt als Bothmer'sches Haus.

1990 überreichte der Präsident der Klosterkammer Hannover, Freiherr von Campenhausen, der neuen Äbtissin Thea Bosse den Schlüssel des Klosters.

Das ehemalige Fremdenverkehrsamt der Stadt auf dem Rathausvorplatz auf einer Aufnahme von 1990.

Die Heidelbeerkönigin 1992 vor dem Walsroder Rathaus.

5

Impressionen aus der Luft

Die gesamte Innenstadt Walsrodes auf einen Blick – vom Flugzeug aus. Auf der um 1930 entstandenen Aufnahme erkennt man, dass es kaum Bebauung außerhalb des Stadtkerns gab. Das Gymnasium (helles Gebäude rechts oben) liegt an exponierter Stelle.

Blick aus der Luft (von Süden) auf die Innenstadt von Walsrode, 1959.

Luftansicht vom Bismarckring, Sommer 1959. Die Felder, die man unten erkennt, sind heute vornehmlich mit Einfamilienhäusern bebaut.

Das Gebäude der Molkerei-Genossenschaft Walsrode auf einer Zeichnung aus der Jubiläumsbroschüre von 1954.

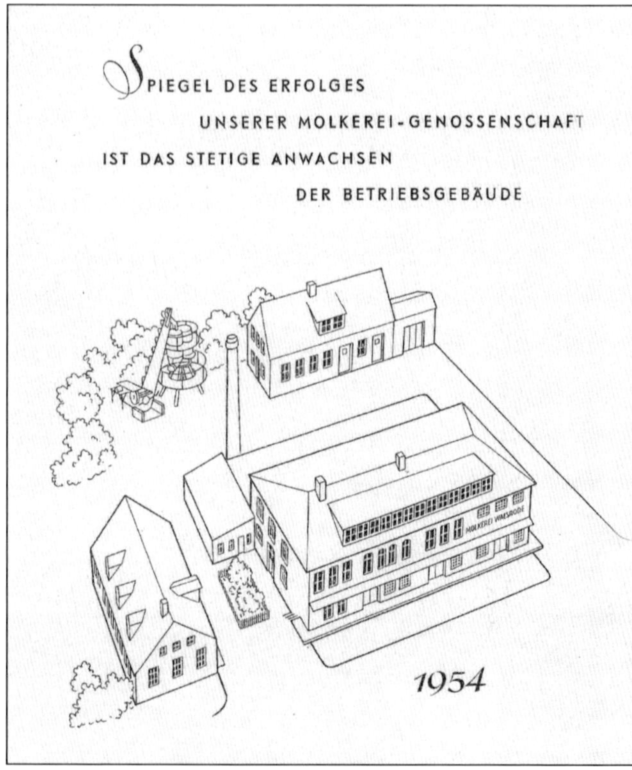

Die Anlage der Molkerei Walsrode auf einem Luftbild von 1959. Heute liegen hier ein Penny-Markt, die Drogerie Cloppenburg und links ein Aldi-Markt.

Blick nach Westen, 1959. Man erkennt die Spedition Schweinebarth in der Bergstraße sowie die Elektrofreileitungen und Garben auf den heute bebauten Feldern.

Die Wiesenstraße von oben, 1959.

Blick aus der Luft im Jahr 1959 auf die Bäckerei Vierjahn in der Verdener Straße.

In der Mitte links liegen der Kleinbahnhof und die Firma Heinrich Wiechers. Der Blick geht nach Osten. Das Luftbild wurde 1959 aufgenommen.

Die Luftaufnahme von 1959 zeigt links den jüdischen Friedhof. Davor lagen die Gasolin-Tankstelle und die Renault-Werkstatt Pröhl in der Hannoverschen Straße. Heute findet man hier einen Antik-Markt.

Das Schulzentrum in der Ostdeutschen Allee, 1959. Der Blick geht in Richtung Süden.

Die Quintusstraße mit dem Viehhandel Stöckler und dem „Gasthaus Niedersachsen", 1959.

Luftaufnahme von Walsrode, 1962.

Dieses Foto nahm Henning Wolff im Herbst 1999 während einer Ballonfahrt auf. Es zeigt das Gewerbegebiet Vorbrück.

Auch diese Luftaufnahme des Baugebietes Meirehmer Berg entstand während der Ballonfahrt von Henning Wolff im Herbst 1999.

Freibad und Hallenbad aus der Luft, 1999.

Aus dem Ballon heraus fotografierte Henning Wolff im Herbst 1999 auch die Kreuzung Kirchplatz, Moorstraße und Brückstraße.

Walsrode aus der Luft, 1995.